Die Funktionalität des Zwangs

Ein Taschenbuch für Betroffene, Angehörige, Interessierte...

Dennis Riehle

Hinweis:

Das vorliegende Taschenbuch versteht sich als eine Ausarbeitung eines Laien, eines Betroffenen einer Krankheit, der nicht im Namen von Fachpersonen, von Ärzten und Therapeuten sprechen kann.

Daher sind alle Ratschläge und Tipps, alle Aussagen und Feststellungen in diesem Werk individuell und persönlich ohne jegliche Verbindlichkeit für Andere zu verstehen.

Sie ersetzen weder den Gang zu einem Mediziner, noch die langwierige Psychotherapie bei einem fachkundigen Personal.

Bitte beachten Sie dies bei der Lektüre, die eine ergänzende Handreichung aus der Perspektive des Patienten sein soll.

Inhaltsverzeichnis

Vorwort

Liebe Leser,

Sie halten ein kleines Sachbuch in Ihren Händen, das Sie sicherlich nicht zufällig ausgewählt haben, sondern aufgrund des Titels oder seiner Beschreibung für Ihre Situation als passend angesehen haben.

Entweder sehen Sie sich mit der Thematik als Betroffener verbunden, als Angehöriger oder auch als Fachperson, vielleicht auch als Interessent, der mehr über das Krankheitsbild der Zwangsstörung erfahren will.

Ich bin aber überzeugt, dass Ihnen meine Gedanken vielleicht auch in anderen Lebenslagen eine Hilfestellung sein können, wenn Sie überlegen, welche Bedeutung eine bestimmte Situation hat und warum manche Verhaltensweise gerade dann auftaucht, wenn Sie es vielleicht nicht erwartet hätten.

Lassen Sie sich einerseits nochmals kurz in meine „Zwangsgeschichte" mitnehmen, damit Sie andererseits den Kontext anschließend noch besser nachvollziehen können.

Ich habe sie zusammengefasst, um eine gemeinsame Ausgangsbasis für die spätere Analyse der Funktionalität meiner Zwänge herstellen zu können.

Viele meiner Zwänge sind bereits medial bekannt geworden, auch in einem meiner ersten Bücher, weshalb ich in dieser vorliegenden Ausgabe nur eine geraffte Version aufgeschrieben habe.

Wichtig zu wissen sollte immer sein, dass es eine Abarbeitung anhand meiner persönlichen Zwangserfahrung ist, die keinesfalls allgemein sprechen kann, aber eine Anregung darstellt, dass auch Sie für sich überprüfen können, ob meine Überlegungen möglicherweise auch in Ihrer Situation hilfreich sind.

Ein Angebot der Selbsthilfe also, im besten Sinne, bei dem Sie sich unterhalten und informiert fühlen sollen – und vielleicht nehme ich Sie ja auch mit in eine auch für mich noch immer aufregende Reise in die Tiefen meiner Psyche, die eventuell gar Parallelitäten mit der Ihrigen haben könnte!

Viel Freude beim Lesen wünscht Ihnen

Ihr

Dennis Riehle

Rückblick

Es war kurz vor sieben, etwas früher als sonst, aber ich war an diesem Morgen aus unerfindlichem Grund doch etwas eher unterwegs und machte mich auf den Weg zum Schulbus. In der Hand hatte ich unüberlicherweise die Zeitung, die ich nur selten mitnahm, um sie in der Mittagspause zu lesen. Ohnehin war an diesem Vormittag alles etwas anders als sonst. Es war der erste Herbstmorgen in diesem Jahr, der wirklich dichte Nebel des Bodensees führte zu einer lausigen Temperatur und ich war nach den sonnigen Tagen doch ziemlich warm angezogen, aber es hatte sich gelohnt. Denn über zehn Minuten hatte ich zu warten, aber es störte mich nicht. Ich blickte um mich und sah noch wenige Mitschüler. Ein kleiner Knirps in seinem roten Pullover auf der rechten Seite, auf der linken war es ein Oberstufenschüler mit einer orangefarbenen Kapuzenjacke.

Ich erinnere mich auch nach rund zwanzig Jahren noch gut an die Situation, veränderte sie doch Einiges in meinem Leben, wenngleich ich das erst später einsehen würde. Ich starrte ein wenig das gegenüberliegende Haus an, das im Grau verschwand. Um mich herum waren die ersten Laubblätter auf den Boden gefallen. Wie viele mögen es wohl gewesen sein?

Heute kann ich es genau sagen – denn nach dem ersten Zählen war ich auf 78 gekommen. Zur Sicherheit hatte ich es kontrolliert und war auch im zweiten Durchgang auf dasselbe Ergebnis gekommen.

Warum hatte ich eigentlich gezählt? Das bleibt bis heute die entscheidende Frage. Aus dem Nichts heraus, aus einer Langeweile interessierte ich mich dafür, wie viele Laubblätter da in meinem Umfeld lagen.

Und ich kann bis jetzt nicht sagen, warum ausgerechnet an diesem Vormittag die Zahl so wichtig sein sollte. Denn ich hatte noch nie gezählt. Vielleicht tatsächlich nur, weil ich einfach früher dran gewesen war als sonst? Normalerweise unterhielt ich mich, blickte in den blauen Himmel. Doch all das war heute nicht. Heute ging es um das Zählen. Und der Anfang für eine Zwangskarriere schien gesetzt.

Denn auch am nächsten Tag kam ich wieder an die Bushaltestelle. Und, man mag es kaum glauben, ich war wieder zu früh. Im Unterbewusstsein schien ich automatisch einige Minuten zuvor als sonst losgegangen zu sein, auch dieses Mal war es kalt und herbstlich. Und wiederum war kaum jemand vor Ort, mit dem ich hätte ein Gespräch führen können. War das Wetter nicht so, um die Natur zu genießen. Als wäre mir gar nichts Anderes übriggeblieben, als auch am heutigen Tag zu zählen.

Beim ersten Mal waren es heute 92 gewesen, klar, dass nicht jeden Tag gleich viele Blätter am Boden liegen würden.

Gestern 78, heute 92. Ich hatte es auf meiner Arbeitsplatte gespeichert. Denn am dritten Tag kamen 62, am vierten 109, am fünften 56 und am sechsten 89 hinzu.

Doch warum eigentlich nur Laubblätter? Das fragte ich mich in der zweiten Woche auch und begann, am gegenüberliegenden Dach, das nun etwas lichter war und die roten Dachziegel gut einsehbar, jeden einzelnen Ziegel zu zählen. Andere Dimensionen kamen dabei raus, es waren rasch 213, ehe der Bus kam.

Und merkwürdigerweise habe ich heute auf meinem Blatt Papier, das ich später über all meine Zahlen anfertigte, sowohl für das Laub, aber auch für die Ziegel ganz unterschiedliche Notizen gemacht.

Heute kann ich daher gar nicht mehr nachvollziehen, ob ich mehrfach gezählt hatte und jeweils zu verschiedenen Resultaten gekommen war, denn das wäre eigentlich schlecht gewesen für einen Zwangserkrankten, der ich zu diesem Zeitpunkt ja offiziell noch nicht war.

Jeden Tag zumindest das annähernd gleiche Ergebnis, ansonsten stieg Unruhe in mir auf, das System wackelte, denn in diesem musste alles seine Ordnung, die Wiedererkennbarkeit haben, die sich im weiteren Verlauf noch in vielen anderen Situationen zeigen würde.

Nach rund vier Monaten war ich spätestens bei Straßenlaternen und Autos angekommen, die ich während der Fahrt mit dem Schulbus zählte, als sie an uns vorbeirauschten. Nach einem halben Jahr dann die Pflastersteine, die zu einem Symbol für meine Leidensgeschichte werden sollten.

Denn nicht nur, dass ich sie auf meinem Weg nach Hause zählte und somit jeden Tag vergleichbare Ergebnisse hatte, ich dehnte das „Zählgebiet" auch immer weiter aus. Auf Plätze in der Konstanzer Innenstadt, die teilweise über 30.000 Steine und wahrscheinlich viel mehr umfassten. Mein „Zählrahmen" war jedenfalls einmal bei 32.289 erreicht gewesen. Ich kann mich erinnern, wie erschöpft ich gewesen bin, als ich von dieser Tour nach Hause gekommen war. Und umgehend wurde die Zahl notiert, mittlerweile waren zehn Seiten DIN A 4 – Papier mit Zahlen beschrieben, die Ausdruck dessen waren, welche Dynamik der Zählzwang mittlerweile angenommen hatte.

Das ging letztendlich nicht mehr mit dem einzelnen Abzählen jedes einzelnen Steines. Bei den angeordneten Reihen hatte sich die Möglichkeit angeboten, Steine pro Reihe mit der Anzahl der Reihen zu multiplizieren.

Ich war im Kopfrechnen nie schlecht, aber da schien ich doch gefordert.

Immerhin erleichterte es mir meine Arbeit, denn für mich war der Zwang zu diesem Verhalten noch eine völlig normale Aufgabe wie für andere Menschen ihr Job.

Die Schulzeit brachte für mich die Chance und die Last gleichermaßen, dass noch einige Zwischenräume blieben, um diesem so ungeliebten Hobby nachzugehen, dem Zählen von Pflaster- und Ziegelsteinen, Laub und Autos. Jeden Tag neu, jeden Tag wieder, jeden Tag anstrengender.

Und doch konnte ich nicht mehr davon lassen. Ohne damals noch die Hintergründe der Zwangserkrankung zu kennen, hätte ich aus der Entfernung attestiert, dass ich einer Sucht nachgegangen bin.

Nicht der Sucht nach etwas Materiellem, sondern der Sucht nach einem eigentlich unschädlichen Verhalten, wenn man einmal die emotionale Belastung absieht, die aus stundenlangen Zählorgien entstehen können.

Und so war es auch nicht verwunderlich, dass ich nach knapp einem Jahr ziemlich geschafft gewesen bin. Noch hatten meine Eltern nichts davon gemerkt, dass ich außerhalb von Zuhause einer neuen Freizeitbeschäftigung nachgegangen war. Aber das sollte sich bald ändern.

Spätestens, als ich eines Abends von der Schule nach Hause kam und einen eigentümlichen Drang verspürte, mir gleich die Hände waschen zu müssen. Auch das kannte ich von mir nicht, dass ich mir darüber Gedanken machte, welche Keime und Viren möglicherweise an den Haltegriffen der Bussen lauern und mich nun befallen haben könnten.

Denn ich vertraute stets auf mein Abwehrsystem, dass es schon alles richten würde. Und da näherte ich mich erstmals den Spuren dieser Zwangserkrankung, die als „maladie du doute", als Krankheit des Zweifel(n)s, überhaupt erst entdeckt wurde.

Zweifel an meinem Immunsystem, Zweifel daran, dass auch morgen noch 2.675 Pflastersteine auf dem Weg zur Schule liegen würden und damit die Welt in Ordnung war.

Und wieder war mein Verhalten völlig untypisch: Nicht ein einziges Mal wusch ich die Hände, nein, es hätte ja sein können, dass ich beim ersten Mal nicht alle Verunreinigung erwischt hätte, die sich auf meiner Haut so umtreibt. Zur Sicherheit, ebenso ein wichtiges Codewort in der Sprache der „Zwängler", nahm ich lieber nochmals ein bisschen von der Flüssigseife, es konnte ja immerhin nicht schaden.

Doch da hatte ich falsch gedacht. Drei Monate später waren die Hände rot, sie waren wund und sie waren offen. Denn nicht ein einziges Mal, nicht zwei Mal, sondern mittlerweile über 150 Mal hatte ich mir am Tag die Hände gewaschen, kam zusammen mit dem Duschen auf rund zehn Stunden Reinigung meines Körpers – und erstmals fiel es meinen Eltern auf:

Nicht nur der Wasserverbrauch schoss in die Höhe, die Seife ging literweise über den Ladentisch, sondern auch die Zeit, die ich am Waschbecken verbrachte, nahm astronomische Ausmaße an. Und das alles neben dem Zählen unterwegs, es war eine Mammutaufgabe, die ich kaum noch zu bewältigen wusste.

Aber schließlich war das Kind in der Pubertät. Und da ist eben einiges anders als sonst. Ein „Tic" könnte es sein, meinte Mutter – und hatte damit ja nicht ganz unrecht.

Doch öffnet man bei solch einem „Tic" seine Türen auch zwanzig und dreißig Mal, um sich zu vergewissern, dass sie auch wirklich geschlossen sind? Verlässt man sein Haus erst dann, wenn alle Fenster mehrere Dutzend Male kontrolliert wurden, die Elektrogeräte von der Kaffeemaschine bis zum Bügeleisen?

Wahrscheinlich sind nicht nur meinen Eltern zu diesem Zeitpunkt die ersten Zweifel gekommen, ob es sich bei diesem Verhalten tatsächlich noch um eine temporäre Veränderung der Wirklichkeit handelt.

Aus Angst hielten sie wohl aber an der Hoffnung fest, dass sich all das alsbald wieder einrenken würde und der alte Dennis zu seinem Zustand zurückfinden würde, den er eigentlich als recht normales Kind zuvor bereits eingenommen hatte. Doch dem war nicht so.

Innerhalb von drei Jahren durchlebte ich nahezu jede Zwangshandlung, die man sich aus der Literatur vorstellen kann – und legte auch kaum eine von ihr wieder ab.

Es addierte sich also zeitlich wie umfänglich eine Masse an Verhaltensweisen, die abseits der Schule alle meine Freizeit, meine Pausen und auch viele Stunden meines Schlafes einnahm. Dass ich meine Zwänge nicht innerhalb des Schulgebäudes auslebte, das konnte später begründet werden.

Nirgendwo sonst erlebte ich eine derartige Struktur, einen Rhythmus und eine Verlässlichkeit wie dort, wo der Stundenplan taktete und alles jeden Tag so verlief, wie man es erwarten konnte.

Allerdings nahm ich die Zwänge immer öfter mit nach Hause, zu den Hausaufgaben und zu den Aufgaben, die ich mir unnötig machte.

Ich erinnere mich gut an die Herbstferien, in denen ich eigentlich hoffte, nach langer Zeit wieder einmal eine Woche für mich zu haben, mit möglichst wenigen Zwängen und mit einem Rückzugsraum, um neue Kräfte sammeln zu können.

Doch ein Aufschrieb in meinem Französischheft machte mir da noch zu schaffen. Wir arbeiteten mit unterschiedlichen Farben, um verschiedene Themenkategorien zu kennzeichnen.

Und beim Unterstreichen einer Überschrift war mir doch ein Fehler unterlaufen. Nicht „blau", es wäre eine rote Überschrift gewesen, die an dieser Stelle gefolgt wäre.

Eine bloße Korrektur hätte aus meiner kritischen Sicht aber hier nicht ausgereicht. Immerhin gab es Noten für die Heftführung.

Und wie sähe das auch aus für einen Schüler, der sich immer als perfektionistisch verstand, seine Bücher am Schuljahresende eigentlich in einem besseren Zustand abgeben wollte als er sie am Jahresanfang in Empfang genommen hatte – und der seine Stifte und Hefte immer so sortierte, dass dazwischen ein Abstand von einem Zentimeter auf dem Schreibtisch war.

Ich konnte also keine Verbesserung der falschen Überschrift vornehmen, sondern ich musste mir eine andere Lösung einfallen lassen.

Es war ein Doppelheft, fast 32 Seiten waren also gefüllt.

Denn ich war auf der vorletzten angekommen.

Und doch entschied ich mich, das Heft nochmals von Neuem zu beginnen und es abzuschreiben.

Wie hätte es mir nach eineinhalb Tagen, nach einer Nacht, in der ich durchgeschrieben hatte, nur kurz auf die Toilette ging und etwas getrunken, aber kaum gegessen habe, anders passieren können, als dass ich meinen Fehler natürlich wieder neu beging.

Am Ende der Ferien hatte ich das Heft fünf Mal komplett abgepinselt, immer wieder war mir derselbe Fehler unterlaufen, vor Müdigkeit. Und doch wollte ich nicht aufgeben und vertagte mich auf die Weihnachtsferien mit dieser Aufgabe, denn bis dorthin hatte ich kaum Zeit, ich musste Händewaschen, Kontrollieren und Zählen. Ach ja, und neuerdings auch Sortieren.

Alles, was in meinem Umfeld eine gewisse Ordnung angenommen hatte, von CDs, Büchern, dem Computer oder den Ablagen – alles musste in dieselbe Position, sobald es verrückt wurde. Und das passierte desöfteren.

Denn meine Mutter wollte putzen. Und sie hatte recht damit. Doch dass dabei auch gewisse Abstände zwischen meinen angeordneten Sachen verloren gingen, daran dachte sie nicht. Und erstmals in meiner Zwangskarriere entwickelte ich eine gewisse Aggressivität, vielleicht auch der Anstoß für meine Eltern, nun endlich die Reißleine zu ziehen.

Aber sie warteten ab, bis zu dem Tag, an dem wir mit der Schulklasse auf einen Ausflug in die Berge gingen.

Ich kam zurück von einem Skitag, an dem ich mit dem Rodel unterwegs gewesen bin. Ich berichtete meiner Mutter, dass es am späteren Nachmittag schrecklich zu schneien begonnen hatte und man kaum noch die eigene Hand vor den Augen erkannte. Es rumpelte fürchterlich, weil der Schlitten dauernd über vereiste Stellen gefahren sei und daneben auch die gesamte Strecke äußerst holprig gewesen ist.

Und dann kam ein ordentliches Geräusch, ein harter Stoß, ich drehte mich noch um, aber ich sah nichts. Konnte es vielleicht sein, dass ich dort jemanden „über den Haufen gefahren hatte", fragte ich sie ängstlich.

„Aber wie soll denn das passiert sein?", entgegnete sie mir fürsorglich. „Du hast doch niemanden gesehen, oder?"

Nein, da war auch wirklich niemand gewesen, es war zwar dunkel, neblig, es schneite und der Wind blies mir kräftig entgegen, aber ich hätte doch bemerkt, wenn ich mit jemandem zusammengestoßen sei, oder?

Ja, plötzlich war der Zweifel nicht nur in meinem Verhalten, sondern er rotierte auch in meinem Kopf.

Immer und immer wieder spielte ich diese Situation durch, versuchte, mich mit rationalen Argumenten zu beruhigen. Denn von ihnen gab es ja eine ganze Menge.

Wie sollte es denn beispielsweise geschehen sein, dass ich bei all dieser Kollision unverletzt blieb, ja, nicht einmal vom Rodel heruntergefallen war?

Und außerdem war es ein übersichtliches Skigebiet, da wäre am Abend doch aufgefallen, wenn jemand gefehlt hätte, bei allen den Gruppen, die auf den Pisten waren.

Und ohnehin war ich so vorsichtig, so langsam gefahren, weil ich selbst „Angsthase" bin in solchen Situationen, meine Mitschüler waren mir immer hunderte Meter voraus, denn sie legten einen Fahrstil an den Tag, bei dem es allemal eher wahrscheinlich gewesen wäre, wenn sie einen Unfall gebaut hätten.

Doch trotz allen Beruhigens: Was ist, wenn der Verletzte nun noch dort liegt? Hilflos ist und von mir verlassen wurde?

Die Nacht nicht überleben wird, weil ich nicht aufgepasst habe, weil ich zu vehement gefahren bin, weil ich rücksichtlos war und ich nicht nochmals überprüft habe, ob nicht doch jemand im Graben liegt? Und was, wenn er gar den Abhang hinabgestürzt ist, sich alle Knochen gebrochen hat und nun tot ist? Die Bilder im Kopf wurden immer schneller, sie wurden immer brutaler – und sie wurden immer abwegiger. Doch das wollte ich in dieser Situation nicht eingestehen.

Denn für mich war das keine Geschichte, für mich war das Realität – zumindest war es eine reale Möglichkeit, die ich nicht ausschließen wollte, sondern die ich mit Hadern immer wieder von Neuem starten ließ, wie eine Dauerschleife, die am Schluss keiner mehr stoppen konnte. Mein erster Zwangsgedanke war geboren – und er war Anlass meiner Mutter, dann doch einmal ein ernstes Wort mit mir zu sprechen.

Sie nahm mich zur Seite und stellte fest, dass ja seit geraumer Zeit etwas nicht mit mir stimmte. Sie wollte sich erkundigen, ob es für mich in Ordnung sei, wenn sie bei einem Kinder- und Jugendlichen-Psychotherapeuten einen Termin vereinbare, zu dem sie mich auch gerne begleite. Aber nun müsse etwas geschehen. Das wusste ich selbst – und daher dauerte meine Antwort auch nicht lange und ich willigte ein.

Keine vier Wochen später saßen wir zum ersten Mal bei ihm in der Sprechstunde, ich beschrieb ihm nicht nur meine Zwangsgedanken, sondern auch die lange Vorgeschichte meiner Zwangshandlungen, die bis zu diesem Zeitpunkt noch keinen Namen hatten.

Doch das änderte sich in diesem Augenblick. „Ihr Sohn hat eine klassische Zwangsstörung", richtete der Therapeut einen ernsten Blick an meine Mutter.

Gleichzeitig meinte er aber: „Das können wir behandeln". Irgendwie fiel mir da ein Stein vom Herzen.

Denn immerhin war es ja nicht so, dass ich unter diesem ganzen Zustand nicht gelitten hätte. Ganz im Gegenteil, es war eine furchtbare Situation für mich, aus der ich nicht mehr alleine hinauskommen wollte. Und nahezu wöchentlich gesellte sich ein neuer Zwang hinzu, ohne, dass ein alter seinen Platz räumen würde.

Das hatte mich deprimiert gemacht, ich konnte es kaum noch aushalten, aber ich war bisher zu furchtsam gewesen, mir Hilfe zu suchen.

Dabei waren psychische Erkrankungen in unserer Familie doch nichts Ungewöhnliches.

Angsterkrankungen und Depressionen stellten sich zu Demenz und Panikattacken ein.

Also erhoffte ich mir auch, dass alle in meinem Umfeld einigermaßen verständnisvoll auf die Botschaft reagieren würden, dass es nun einen weiteren Betroffenen in ihren Reihen gibt. Und so war es schließlich auch. Niemand machte mir Vorwürfe, niemand versuchte, sich über mich lächerlich zu machen oder mir gar vorzuhalten, ich sei vielleicht noch selbst schuld an dieser Situation, die ich zu diesem Zeitpunkt ja noch nicht einmal in ihrem vollkommenen Ausmaß überblickt hatte.

Und so hieß es fortan für mich, regelmäßig in die Psychotherapie zu gehen. Die erste war noch die beim Spezialisten für Jugendliche, denn ich war gerade 16 – und da war es gut, dass wir alles, was mich belastete, noch etwas spielerisch aufarbeiteten. Die ersten Stunden nahmen so auch die Erzählungen darüber ein, wie sich diese Zwangsstörung eigentlich entwickelt hatte.

Und welcher Zwang welchem gefolgt war, denn die Reihenfolge war nicht völlig unerheblich.

Und welche Inhalte sich verändert hatten, welche neu hinzugekommen waren, welche auch verschwanden.

Und tatsächlich konnte ich eine Verschiebung bemerken, denn über die Zeit hin war es doch eher der Zwangsgedanke geworden, der die Oberhand gewann.

Die Zwangshandlungen waren noch immer präsent – und das nicht zu wenig, mit acht bis zehn Stunden.

Aber gleichermaßen waren es nun auch die Zwangsgedanken, die ihren Platz eingefordert hatten.

Und dabei machten sie auch nicht davor Halt, andere Themen einzunehmen als lediglich die aggressiven.

Wenngleich diese Kategorie, die wohl auch eine der häufigsten bei den Betroffenen darstellt, die unter Zwangsgedanken – ob nun ausschließlich oder in Kombination mit Zwangshandlungen – leiden, auch die packendste ist, die den Betroffenen am stärksten in ihren Bann zieht und ihn, gab es auch noch völlig andere, die mich neuerdings heimgesucht hatten.

Aus nächtlichen Träumen entwickelte sich das Zögern darüber, ob ich möglicherweise vergewaltigt worden sein könnte und ich dabei mit einer der bekannten sexuell übertragbaren Krankheiten infiziert wurde. Wie das alles hätte funktionierten sollen, konnte ich in den meisten Fällen natürlich nie erklären. Ebenso wenig, warum die sogenannte „Theodizée"-Frage als religiöser Zwangsgedanke ständig in meinen Hirnwindungen kreiste und mich fragen ließ, warum ich denn mit solch einer furchtbaren Krankheit gesegnet sei.

Bereits in der Kinder- und Jugendpsychotherapie arbeiteten wir Konflikte auf, die sich täglich stellten. Ob es nun die mit den Eltern waren, bei denen man sich über die Frage stritt, weshalb ich denn nicht mehr Kontakt zu meinen Klassenkollegen suchte – oder aber über meine damals enge Verbundenheit zur Kirche, die mich immer wieder in die Bredouille brachte, zu viel Ehrenamt auf meinen Schultern zu lasten, das vor allem damals, noch zu Schulzeiten, aus später nachvollziehbaren Gründen immer neuen Raum suchte.

Es waren eigentlich recht gewöhnliche Fragestellungen, aber mein Therapeut arbeitete daran bereits erste Funktionen des Zwangs auf, nämlich meine Kunst des Verdrängens. Zuvor hatte ich nämlich immer geschluckt, hatte mich nie damit auseinandergesetzt, wenn ich in einen Disput geraten war oder mich überforderte.

Und vor allem das „Nein"-Sagen, es fehlte mir schon damals und musste geübt werden. Ein Training, das sich bis heute fortsetzt…

Zwei Jahre zogen sich hin, ehe ich zu einem Psychiater wechselte, nachdem ich erwachsen geworden war und deutlich wurde, dass reine Psychotherapie nicht genügen würde, um der so wörtlich „schwerwiegenden Zwangserkrankung" bereits im Jugendalter Herr zu werden. Und so setzte ich bei einer anderen Vertrauensperson meine Analysen fort, bereitete mich auf mein Abitur vor, obwohl kaum jemand daran geglaubt hätte, dass ich es jemals schaffen würde. Eineinhalb Jahre später bewies ich aufgrund erlernter Fähigkeiten der zwei Hirnhälften, wie ich sie lieblich bis heute nenne, dass man solch einen Abschluss auch hinter sich bringen kann, wenn man seit Jahren mit Zählen und Waschen beschäftigt war.

In meiner einen Kopfseite lernte ich demnach für die Prüfungen, in der anderen liefen die Zwangsgedanken parallel. Wie ich das geschafft habe, ich kann es bis heute nicht sagen.

Letztendlich war all das aber doch ein Beweis dafür, dass unser menschliches Denkorgan zu Einigem fähig ist. Und trotzdem war es nicht verwunderlich, dass ich nach der Schule mit einem Abiturszeugnis in der Tasche nur schwerlich über die Ziellinie gekommen war.

Für einen guten Notendurchschnitt hatte ich viele Kapazitäten hergeben müssen, die nun wieder aufgeladen werden sollten – in einer Rehabilitation.

Dort wurde ich erstmals mit anderen Therapiemethoden vertraut, erkannte aber auch, dass die Zwänge meine Lebensplanung doch bereits jetzt deutlich durcheinandergebracht hatten.

Immerhin war es für mich nach der Sozialberatung unvorstellbar geworden, dass ich für das von mir so favorisierte Theologie-Studium in eine andere Stadt umziehen würde. Allein der Gedanke daran löste auch nach mehrmonatigem Krankenhausaufenthalt noch immer eine Reihe von Zwangshandlungen in mir aus.

Ich entschied mich, es an der hiesigen Universität mit einem anderen Studienfach zu probieren, doch eine unerwartete Agoraphobie, eine Angst vor den großen Menschenmengen in der Hochschule, vor den riesigen Räumen, der Hektik und den schnellen Abläufen, sie machte auch durch dieses Vorhaben einen Strich. Und wäre es nicht der Psychiater gewesen, der auf die Idee mit der Fernuniversität gekommen wäre, ich hätte bis heute gar nichts von meinem Traum verwirklichen können, meine „allgemeine Hochschulreife" auch nur irgendwie zu verwerten.

Bis zum Ende konnte ich dann doch nicht studieren, habe aber einige Semester belegt und damit mehr Selbstbewusstsein in mir geschaffen.

Depressionen über die doch verworrene Situation gesellten sich zu den langsam rückläufigen Zwängen. Aber neurologisch suchten mich schlussendlich andere Gebrechen heim, die auch meine kognitive Leistung derart verschlechterten, dass nur eine Ausbildung per Fernunterricht als eine Alternative blieb.

Im Coaching, in der Beratung und in der Seelsorge war ich daraufhin über viele Jahre selbstständig tätig, konnte mit vor allem weiter andauernden Zwangsgedanken noch im journalistischen Bereich, in Büro und in den Fremdsprachen Weiterbildungen absolvieren, ehe die körperlichen Kräfte weniger wurden.

Durchgehalten habe ich aber bis heute, bin vor allem weiter an der Therapie meiner Zwänge beschäftigt, bin mittlerweile vor allem ehrenamtlich in den Grenzen, die mir Krankheiten und Einschränkungen lassen, so tätig, dass ich erfüllt bin von meinen Aktivitäten und versuche obendrein all das umzusetzen, was ich im Verlauf der vielen Selbstanalysen herausgefunden habe.

Bevor ich Sie nun daran teilhaben lassen möchte, gebe ich Ihnen noch einen kurzen Blick auf meine Sicht der Psychotherapie bei Zwängen mit auf den Weg, von dem Sie wiederum nicht davon ausgehen können, dass er eine generelle Gültigkeit besitzt! Denn egal, was Forschungen dazu sagen, was Wissenschaftler meinen, letztendlich sind wir es als Patienten, die darüber befinden müssen, welche der Methoden am effektivsten für unsere individuelle Situation sein kann.

Da braucht es oftmals ein Ausprobieren, ein Eruieren von Ursachen, um abwägen zu können, ob Symptombewältigung, also das Abschneiden des Unkrautes, genügt – oder ob es doch eines Herangehens an die möglichen Wurzeln bedarf.

Auch hier will ich Sie auffordern, machen Sie sich bei Ihrem Beschwerdebild eine eigene Übersicht über die Angebote dessen, was der Markt an Psychotherapie in Deutschland hergibt. Vielleicht regen Sie meine nachfolgenden Überlegungen dabei auch zur Eigenreflexion an!

Therapie

In der Therapielaufbahn bin ich mittlerweile allen durch die Krankenkassen anerkannten Psychotherapieverfahren begegnet – und ich bin ein Beispiel dafür, dass Patienten nicht unbedingt immer das bestätigen, was wissenschaftliche Forschungen ergeben. Denn diese weisen uns eindeutig auf die kognitive Verhaltenstherapie als die Therapieform hin, die bei Zwängen am günstigsten wirken soll.

Ich kann das aus meiner eigenen Erfahrung mit dieser Methode nicht bestätigen – muss gleichsam aber wieder betonen, dass auch dies eine ganz individuelle Empfindung ist, die nicht pauschalisiert werden kann.

Ich kenne viele Zwangserkrankte, die mit der Verhaltenstherapie beste Ergebnisse erzielt haben.

Sei es nun mit Expositionen, also Übungen, bei denen versucht wird, der inneren Anspannung Widerstand zu leisten, die sich dann entwickelt, wenn einem Zwangsimpuls, also einer den Zwang auslösenden Situation, nicht nachgegeben wird, oder aber mit dem Ansatz der Vernunft, der unter der Berücksichtigung der Anamnese, also der Krankheitsgeschichte des Betroffenen, darauf abzielt, eingefahrene Denkmuster zulasten der eigenen Urteilsfähigkeit wieder zu entzerren und in den Blickwinkel des „Normalen" zurückzuholen.

Ich konnte leider nur für kurze Zeit von den jeweiligen Erfolgen profitieren, die sich auch bei mir eingestellt hatten. Doch trotz fortdauernden Dranbleibens hatte die Verhaltenstherapie in meinem Falle keine langfristig positiven Konsequenzen, was sicherlich aber auch an der Einstellung liegt, die ich gegenüber dem Zwang einnehme.

Ich sehe ihn als weit mehr als eine Aneignung von Verhaltens- und Denkgewohnheiten, die gleichsam wieder abtrainiert werden können. Für mich gibt es einen tieferen Sinn hinter dem Zwang, der seelische Ursachen und gleichsam Gründe in der Persönlichkeitsstruktur des Betroffenen hat. Insofern waren für mich die Gesprächsinterventionen, aber auch die analytische Therapie, die mit mir auf die Suche nach den Begründungen für den Ausbruch und den Fortbestand des Zwangs ging, die hilfreicheren Therapievarianten.

Es wäre zudem aber auch falsch zu glauben, ich wäre heute an dem Punkt, den ich mit einer Linderung meiner Symptomatik um sicherlich mehr als 50 Prozent erreicht habe, nur alleine aufgrund einer psychotherapeutischen Anstrengung und der Arbeit an mir selbst.

Viel eher halfen mir zweifelsohne Medikamente, wenngleich ich an dieser Stelle verständlicherweise keine Empfehlungen geben kann.

Bekannt ist, dass „Selektive Serotonin-Wiederaufnahmehemmer" (SSRI) als ein Mittel der „ersten Wahl" gelten, eine neue Variante der Antidepressiva, die dabei helfen, den Botenstoff des Serotonins länger zu binden und die Wirkung zu verstärken, die offenkundig eine positive auf den Zwangserkrankten ist.

Nicht selten sind aber Kombinationen mit Präparaten aus der Gruppe der Neuroleptika nötig, wenn Betroffenen der Abstand fehlt, beispielsweise ihre Zwangsgedanken noch mit ein Stück Nüchternheit betrachten zu können und sie stattdessen zweifelsfrei von der Wahrheit ihrer Überlegungen überzeugt sind – und damit in einen psychotischen Bereich abdriften.

Und auch sonstige Wirkstoffgruppen können einbezogen werden, all das ist eine Entscheidung des jeweils behandelnden Psychiaters, der eine individuelle Zusammenstellung der jeweiligen Medikation vornehmen muss, um das bestmögliche Ergebnis zu erzielen. Dabei ist leider immer auch inbegriffen, dass der Betroffene durch eine gewisse Phase der Nebenwirkungen gehen muss, die nicht immer leicht ist, obwohl sich die unerwünschten Wirkungen unter den modernen Wirkstoffklassen deutlich reduziert haben. Aber noch immer sind die Auswirkungen der Einnahme, die nicht gewünscht waren, teils erheblich, aber in den meisten Fällen nicht andauernd. Auch ich musste lernen, eine gewisse Geduld aufzubringen, ehe die erwünschte Wirkung eintrat – und mich in dieser Zeit in irgendeiner Form mit dem arrangieren, was ich eigentlich nicht gewollt hatte: eine zusätzliche Belastung.

Ob Gewichtszunahme, Mundtrockenheit oder Zittern, es können die unterschiedlichsten Phänomene auftreten, sie sind gleichsam aber meist eine temporäre Angelegenheit und müssen im Vertrauen darauf, dass sich die Wirkung später bei weitem positiv von dem Unerwünschten abheben wird, für eine gewisse Zeit hingenommen werden.

Das lässt sich nur leicht sagen, wenn man selbst solche Phasen durchlebt und überstanden hat. Früher hätte ich nie gewagt, solch eine Ermutigung jemandem zu geben, der ohnehin schon im Schlamassel steckt.

Heute weiß ich aber, wie lohnend es sein kann, noch ein wenig länger durchzuhalten und Nebenwirkungen in Kauf zu nehmen, um später von den guten Eigenschaften des Medikaments umso mehr profitieren zu können.

Und ich will nicht vergessen, an dieser Stelle auch die niederschwelligen Hilfsangebote zu nennen, die einen wesentlichen Bestandteil der Unterstützung darstellen, die ich erfahren durfte und dir mir auf dem Weg des Durchhaltens ein großes Stück an Last genommen haben.

Die Selbsthilfegruppe als eine Anlaufstelle, in der im geschützten Rahmen der Austausch mit Menschen möglich ist, die mich verstehen, die nachvollziehen können, warum ich nicht einfach aufhören kann, meine Hände zu waschen oder die Türen zu kontrollieren, überhaupt zum ersten Mal auf Lebewesen zu treffen, die unter den gleichen Problemen litten wie ich, wie ungemein entlastend war es, als ich in solch einer Runde erstmals völlig offen sprechen konnte.

Und je mehr man sich kannte, desto mehr Parallelen entdeckte man.

Aus ihnen konnte man wiederum gemeinsame Konzepte ableiten, welche Hilfestellung des Gegenübers könnte vielleicht auch für mich ein Anreiz sein.

Mit diesem Blick ist also auch ein Dank verbunden an die, die mit mir und meinen Zwängen, mit meinen Erzählungen viel Zeit verbracht und mich angenommen haben, mit all den teils skurril anmutenden Gedankengängen, von denen ich nie dachte, dass irgendjemand dafür je Verständnis aufbringen könnte…

Überleitung

Ich habe während meiner Psychotherapie gelernt, dass der vernünftigste Weg zum Umgang mit meiner Zwangserkrankung einerseits die Annahme der Krankheit als einen Teil von mir ist, was aber nicht gleichzusetzen mit einer Akzeptanz der Symptomatik, schon gar nicht mit den Ausmaßen des Leidensdruckes, sein kann.

Daneben ist die Frage zu stellen: Was wollen mir die Zwänge sagen? Und warum sind sie überhaupt in mein Leben getreten? Der alleinige Erklärungsansatz, es handele sich dabei um eine biochemische Reaktion im Gehirn, er geht mir ebenso zu kurz wie behaviorale Deutungsmuster. Denn solche Auffälligkeiten gibt es bei vielen Menschen, andere entwickeln aber eher eine Depression, eine Panikstörung, eine somatoforme Erkrankung.

Und wenngleich jedes Krankheitsbild eine gemeinsame Aussage hat, nämlich uns aufmerksam machen zu wollen auf Missstände in unserem Leben, ist doch die Individualität der Zwänge deutlich erkennbar. Sie zeigt sich durch das besondere Verhaltensmuster, das Betroffene an den Tag legen.

Und deshalb lohnt es sich nach meiner Empfindung am meisten, die Funktionalität der Zwänge zu hinterfragen. Das muss für jeden Menschen separat geschehen, aber die Leitfragen können durch die Vergleichbarkeit des Ablaufs der Zwänge und ihrer offenkundigen Gemeinsamkeiten bei allen Betroffenen dieselben sein.

Einige davon habe ich in meinem Studium mit meiner Person herausarbeiten können und möchte ihnen diese deshalb nun weitergeben.

Nutzen Sie sie anschließend, um sie auf ihre persönliche Lage zu übertragen und kommen Sie gegebenenfalls über die im Nachwort angegebenen Kontaktdaten mit mir in Verbindung, damit wir über offene Verständnisfragen in Gespräch kommen können.

Funktionalität der Zwänge

Hinweisschild

Jede psychische Erkrankung ist für mich ein Warnsignal. Wie körperliche Gebrechen auch, macht sie uns darauf aufmerksam, dass in unserer momentanen oder früheren Lebenssituation etwas nicht stimmig war, dass etwas liegengeblieben ist und nie aufgearbeitet wurde – oder dass gar noch etwas vor uns liegt, das uns unterbewusst große Bauchschmerzen bereitet.

Man kann sie sich wie eine rote Warnleuchte oder ein Hinweisschild vorstellen, die auf – das muss man zugestehen – äußerst harte Art und Weise in unser Leben dringen und sich vor uns stellen will mit der Mahnung, dass wir etwas unternehmen müssen. Dabei erklären die Zwänge zunächst nicht, worum es geht.

So einfach ist Psychologie dann doch nicht. Viel eher ist es wie das Raten um Hieroglyphen, die wir entziffern und die Botschaft entnehmen müssen, die der Zwang uns übermitteln will.

Er tut dies auf andere Weise als beispielsweise eine Depression. Und dieser Unterschied kann in der Aufarbeitung daher auch besonders hilfreich sein. Denn jede psychische Erkrankung macht uns mit ihrer Ausdrucksweise auf andere Defizite aufmerksam, die unsere Seele belasten. Welche es beim Zwang sein können, habe auch ich mich über Jahre gefragt und bin im Folgenden auf unterschiedliche Erklärungsmuster gestoßen, die möglicherweise auch auf Sie zutreffen.

Versuchen Sie einmal zu hinterfragen, ob der Zwang auch Ihnen etwas von dem sagen möchte, was ich aus seinen Hinweisen entnommen habe.

Prüfen Sie anhand meiner Darstellungen, wie ähnlich Ihre Lebensumstände sind und ob es tatsächlich Nöte gibt, die Sie in den angesprochenen Bereichen plagen.

Ich bin recht sicher, dass auch Sie fündig werden!

Ablenkung und Lückenfüller

Erinnern wir uns nochmals zurück, wann bei mir die ersten Zwänge auftraten, so war es diese Situation an der morgendlichen Bushaltestelle, an der ich eigentlich nichts zu tun hatte, außer in den Nebel zu blicken und zu frieren.

Merkwürdigerweise war ich ja aus nicht ersichtlichen Gründen früher zuhause losgegangen, obwohl das eigentlich nicht meine Art ist.

Ich habe damit ein Vakuum erzeugt, in dem ich nichts zu tun hatte.

Frage ich mich, wie das zu dieser Zeit allgemein war, dann kann ich es unterschreiben:

Ja, ich hatte zwar die Schule, aber Hobbys, Freizeit oder Freunde, das waren für mich eher Fremdwörter.

Oftmals fehlte eine Aufgabe für die Phasen zwischen meinen Verpflichtungen, es fehlte eine Ablenkung für den Alltag, ein Lückenfüller für die Augenblicke, in denen ich nicht nur unbeschäftigt war, sondern nicht einmal die Ruhe genießen konnte.

Denn darf ich das überhaupt? Der Zwang als eine Frage an mich, ob ich es wert bin, Genuss zu erleben.

Ich musste im Rahmen meiner Therapie erkennen, dass ich die Fähigkeit verlernt hatte, mich zu entspannen, einigermaßen ruhig zu sitzen und einfach einmal in die Weite zu blicken, nichts zu tun, sondern den Augenblick wahrzunehmen.

Viel eher war ich der ständig Umtriebige, der versuchen musste, die Welt zu retten – oder seinen eigenen Alltag auf die Reihe zu bringen.

Wir gönnen uns viel zu selten eine Pause, diese Oasenmomente, in denen wir Kraft tanken. Der Zwang ermahnt uns dazu, hier genauer hinzusehen: Woher tanken wir neue Energie für das, was wir uns vornehmen, wie kommt neuer Sinn in unser Leben, wenn wir ständig unterwegs sind und eigentlich nie Raum finden, um die wirklich existenziellen Fragestellungen unseres Daseins einmal näher zu betrachten. Der Zwang nimmt uns diese Aufgabe ab, denn er füllt die Situationen aus, in denen die Chance bestünde, sich solche Gedanken zu machen. Er will uns aber nicht in unserem Trott unterstützen.

Wenn wir den Zwang in seiner Funktionalität betrachten wollen, dann ist es notwendig zu verstehen, dass er uns mit seinen Handlungen und seinen Gedanken fordert, die Botschaft dahinter zu erkennen. Und sie ist meist die gegenteilige vom Offensichtlichen.

Nein, wir sollen unsere Zeit nicht auch noch mit Zwängen verplempern, das will die Krankheit nicht. Sie macht uns nur auch hier wieder auf eine besonders brutale Art und Weise deutlich, dass wir vergessen haben, Möglichkeiten des Nachsinnens in unser Leben einzubauen.

Ich fragte mich auch lange Zeit, ob es die einzige Aufgabe sein kann, sich sozial zu engagieren, sich für andere Menschen einzubringen. Ja, natürlich bringt uns das Anerkennung und Wertschätzung. Die bedarf es aber wiederum nur, wenn wir sie auch wirklich brauchen. Und das geschieht nur dann, wenn wir nicht zumindest ein Stück unserer Persönlichkeit selbst mit Respekt vor uns füllen und nicht darauf vertrauen, dass wir die Würdigung allein durch das Rennen im Kreise erfahren. Denn dort machen wir uns nur kaputt. Sinn entsteht nicht unbedingt durch Leistung, das müssen wir gerade in unseren Tagen neu erkennen.

Die Würde des Menschen ist von Beginn an unantastbar – und vor allem gibt es sie auch umsonst. Wir müssen nichts für sie tun, wir müssen uns und Anderen nichts beweisen, um sie zu erhalten. Welch entlastende Botschaft war es, als ich diese Erkenntnis auch wirklich verinnerlicht hatte und mir zugestand: Heute nehme ich mir Zeit für ein Buch, eine Runde in der Badewanne, ein Eis oder einfach die Gelegenheit, an die Decke, in die Berge oder auf die Straße zu sehen, um die Gedanken im Nichts und in die Leere schweifen zu lassen, einfach nur Ich zu sein und dabei Luft zu holen in einem Zeitalter, in dem wir besonders anfällig dafür sind, diese kurzen Momente aus den Augen zu verlieren.

Schutz und Aufarbeitung

Zwänge sind zweifelsfrei ein Schutz. Sie lenken uns nicht nur ab, weil sie damit Lebenszeit überbrücken möchten, in der uns Inhalt fehlt. Sie lenken uns auch von Erlebnissen aus der Vergangenheit ab, die oftmals gar Auslöser der Zwangserkrankung sein können. Ob Traumata oder Unfälle, ob Krankheiten oder Todesfälle, es gibt viele Gründe, warum wir auf traurige Momente in unserer Historie nicht blicken möchten. Und oftmals ist es sogar richtig, wenn wir nicht nochmals in einer so belastenden Zeit herumstochern und versuchen, eine Aufarbeitung zu erzwingen. Manches Mal müssen es tatsächlich die Jahre sein, die Ruhe bringen sollen über unsere Erlebnisse. Da braucht es gar kein Zutun unsererseits, sondern lediglich ein geduldiges Abwarten, das wir in Ungeduld, Leidensdruck und Unzufriedenheit doch aber meist gar nicht einhalten können.

Und doch ermutigt uns der Zwang einerseits, einen Schutz über manchen Müll der Vergangenheit zu spannen, damit wir einmal Ruhe finden können, die Seele selbst die Arbeit leisten zu lassen, die ein Kompost durchaus beizutragen in der Lage ist. Manches Mal wiederum fordert er uns aber auch auf, nicht länger wegzugucken, sondern nötige Gespräche zu führen, Verbindungen wieder herzustellen, Wunden anzublicken und sie durch eine Bearbeitung ihrer Ursachen im Heilungsprozess voranzutreiben. Das kann meist nur unter therapeutischer Begleitung geschehen. Doch es sollte unbedingt passieren. Ich kann mich an viele Momente an Erziehung und vor allem aus den frühen Jahren meiner Schulzeit erinnern, die mit Mobbing und Ausgrenzung einhergingen, welche es unbedingt bedurften, nochmals angesehen zu werden, um dann wirklich auf den Halden des Sondermülls für immer ihr Dasein fristen zu können.

Fühlen Sie sich eingeladen, über eine etwaige Auseinandersetzung mit auslösenden Faktoren ihrer Zwangsstörung nachzudenken und sich adäquate Hilfe zu suchen. Auch hier kann ich wiederum nur aus der Sicht eines Betroffenen berichten, der neue Freiheit dadurch erlangt hat, dass Altlasten beseitigt wurden. Gern bin ich auch behilflich, Ihnen bei der Suche nach einer passenden Anlaufstelle Unterstützung anzubieten. Melden Sie sich unter der im Nachwort genannten Adresse!

Gegenteiligkeit

Wer glaubt, der Zwang wolle uns nur schaden, der tut ihm aus meiner Sicht doch Unrecht. Denn ich sehe ihn viel eher als den stellvertretenden Wink mit dem Zaunpfahl, der sich nach den Gesetzen der Psycho-Logik eben nicht so ausdrückt, dass wir sofort im ersten Augenblick verstehen, was er denn wirklich meint.

Meist ist der Zwang ein übler Hund, der nochmals in den Narben pickt, die für uns ohnehin schon so heikel sind. Wenn wir eine Zwangserkrankung durchstehen müssen, dann aus meiner Überzeugung nur, weil wir den Kontakt zur Freiheit, also gerade zum Gegenteiligen dessen verloren haben, was der Zwang mit uns macht.

Er lässt uns auch nicht ohne Grund immer und immer wieder zählen, waschen oder kontrollieren.

Er tut dies, um uns auf krasse Art zu verdeutlichen, dass wir die Verantwortung über uns selbst verloren haben, dass wir nicht mehr Herr sind, die Gewalt über unser eigenes Leben übernehmen zu können.

Er untermauert, dass wir gefangen sind in unserer Hilflosigkeit aus fehlender Erfahrung, aus einer Erziehung, in der uns eben kein Freiraum gelassen wurde, auszuprobieren – und im Zweifel auf die Nase zu fallen.

Lieber testen wir den Herd wieder und wieder, statt einmal erlebt zu haben, wie es ist, mit der flachen Hand darauf zu fassen.

Vorsicht ist die Mutter der Porzellankiste. Dieses Credo ist mir im Gedächtnis geblieben, denn zu viel von Rücksichtnahme lässt uns nicht wachsen, nicht erwachsen werden.

Dass wir Defizite in unserer Persönlichkeitsentwicklung haben, das verdeutlicht der Zwang gnadenlos. Und ich muss sagen: Oftmals übertreibt er es auch mit seiner Härte. Vielleicht lernen wir aber nicht anders, in die Vergangenheit zu schauen und das aufzuarbeiten, woran es uns dort mangelte. Vielleicht sind wir nur ernsthaft mit uns, wenn der Zwang uns den Spiegel mit dem Gegenteiligen vorhält, mit dem, was aus uns geworden ist, weil wir nicht auf uns geachtet haben, sondern uns formen ließen. Zwang, um zur Freiheit zu gelangen, dieser scheinbare Widerspruch ist für mein Dafürhalten die Grundlage der Funktionalität der Zweifelskrankheit.

Drang zur Freiheit und
Selbstständigkeit

Freiheit? Was verstehen wir eigentlich
darunter? Der Blick auf den weiten
Bodensee, hier in meiner Heimat, das
bedeutet für mich Freiheit. Nicht, dass
nichts im Wege steht, sondern das
Schwelgen in Richtung des Horizonts.

Der Blick, über den alleine ich
entscheiden kann, ich greife mir die
Freiheit dazu, selbstständig für mich in
Anspruch zu nehmen, dass nicht nur
dieser Moment für mich Unabhängigkeit
bedeutet, sondern dass ich darüber
hinaus der Einzige bin, der entscheidet,
in welche Richtung er schauen möchte,
welche Ziele er anvisiert und welchen
Weg er dazu nehmen will. So, wie ich mir
meine Schifffahrt über das Wasser in den
Sinn hole, so können Sie sich Ihre
Freiheiten nehmen, nicht nur im
übertragenen Sinn.

Wir sind angehalten, immer wieder einmal in unserem Leben nachzuhaken, ob das, was wir derzeit machen, auch tatsächlich noch unserem Willen entspricht. Der Job, die Partnerschaft, das familiäre Umfeld, die Bekannten und Freunde, Hobbys und Freizeit. Stimmt wirklich alles? Ist es so, wie ich es mir vornehme, wie ich es gerne hätte?

Denn in den meisten Bereichen können wir sehr weit mitbestimmen. Natürlich gibt es äußere und innere Eventualitäten, aber sie auf ein Minimalstes zu reduzieren, das ist das, was sich der Zwang für uns wünscht, wenn er für uns nach Freiheit lechzt.

Nein, die Logik der Psycho-Logie können wir menschlich kaum nachvollziehen, weil sie eben nicht derart wissenschaftlich fundiert, sondern eher erfahrungsempirisch aufgebaut ist. Und doch hilft es uns, wenn wir einmal um die Ecke denken.

Üben wir unseren Waschzwang vielleicht nur deshalb aus, weil wir uns die Freiheit genommen haben, über den richtigen Arbeitsplatz zu entscheiden? Macht uns die Beschäftigung noch Freude, wäre vielleicht ein Wechsel oder gar eine Selbstständigkeit eine Option? Und wie ist es mit den Kontakten? Sind sie einseitig geworden? Könnte man einige von ihnen kappen, weil sie uns mehr Energie nehmen als uns Ermutigung schenken?

Freiheit bedeutet, sein Leben abzuklopfen auf veraltete und verkrustete Strukturen. Zu verstehen, welche Unfreiheiten wir unbewusst weiterleben, weil wir seit längerem nicht aufgeräumt haben.

Stress-Mahner

Stress ist in unserer heutigen Zeit zu einem Gift geworden, das nicht nur „BurnOut" befördert, sondern auch mit dafür verantwortlich scheint, dass eine Zwangserkrankung so richtig gedeihen kann.

Er ist wahrlich das Benzin für den Motor, aus dem sich die Zwangserkrankung speist. Er gibt immer wieder neues Feuer – und je schneller wir laufen, umso langsamer kommen wir an.

Denn wir überschlagen uns, wir verlieren Lebenszeit in unseren Zwängen, die wir nie wieder aufholen können. Wir stürzen dabei, wir erwischen die Hürden nicht.

Stress macht uns unkonzentriert, lässt uns beim Zählen wieder von vorne beginnen, beim Waschen nochmals ein bisschen Seife mehr hinzunehmen.

Heute braucht fast jeder ein Stressmanagement, um mit den vielen Bildern, mit den Nachrichten, mit den Kontakten, den Vermeldungen aus unseren Accounts und von unseren Profilen fertig zu werden. Und ja, auch ich brauchte ein professionelles Herangehen an meine Unfähigkeit, Stress als ein zweischneidiges Schwert ansehen zu können, das sowohl positiv ist, um mir Abwechslung und Lebensfreude zu schenken, das aber auch die negative Seite der völligen Überforderung besitzt, weil immer mehr Termine, immer mehr Eindrücke und immer mehr Aufgaben in uns einprasseln und diese Ausgeglichenheit aus dem nötigen Takt bringen, die für ein lebhaftes, aber eben maßvolles Dasein so wichtig ist.

Stress entsteht in den unterschiedlichsten Augenblicken. Zwangserkrankte nehmen ihn zeitlich, visuell und auditiv, aber sicherlich auch örtlich wahr.

Wenn wir unter Druck geraten, weil die nächste Verpflichtung schon in fünf Minuten ansteht, wenn wir im Fernsehen die Fotos aus den Kriegsgebieten sehen, die aneinander gereiht nicht mehr für unser Gedächtnis verkraftbar sind.

Wenn der Lärm der Straße keine ruhige Minute mehr zulässt und uns ständig in Unruhe und Nervosität versetzt oder wenn wir unser gewohntes Umfeld verlassen und in einer anderen Stadt oder in einem anderen Land die völlige Hilflosigkeit erfahren, wenn keine vertraute Struktur, keine Anziehungs- und Orientierungspunkte mehr gegeben sind.

Der Zwang ist ein Barometer, wie gestresst wir im Augenblick scheinen.

Und Stress ist ein wesentliches Suchtmittel, das uns sogar vom „trockenen Zwangserkrankten" wieder in den Abusus zurückfallen lässt.

Es gilt ihn nicht zu meiden, aber ihn deutlich besser zu portionieren.

Ich wünsche jedem Zwangserkrankten, dass er seine ganz persönlichen Stressoren ausmachen kann!

Aufforderung zur Selbstverantwortung

Wann waren wir das letzte Mal selbstverantwortlich? Haben für uns oder Andere entschieden, was gemacht wird, was das Beste sein soll? Unsere Eltern haben uns oftmals viel zu lange solche Abwägungen abgenommen, sie packten uns sprichwörtlich „in Watte", um uns zu schützen vor den Härten des Lebens.

Doch schon manch pädagogischer Ansatz lehrt uns, dass diese Überzeugung nicht unbedingt zum Ziel führen kann. Nein, kein „Laissez-faire", aber eben auch keine Abnahme der Selbstverantwortung, kein Übernehmen der Mündigkeit, die für mich als christlich überzeugten Menschen bereits früh an uns übergeben wurde. In Genesis spricht Gott bereits davon, dass wir wüssten, was „gut" und „böse" ist. Unsere Eltern lassen uns darüber aber frühestens befinden, wenn wir aus dem Haus gehen. Und selbst dann ist nicht immer Schluss.

Nein, ich halte hier kein Plädoyer gegen den elterlichen Halt, ohne den wir verloren wären. Wir brauchen unsere Eltern als die wichtigste Stütze, die man sich nur vorstellen kann.

Doch eine Überfürsorglichkeit hilft keinem weiter. Eltern trainieren sich an, in ständiger Sorge darüber abstimmen zu müssen, ob das Kind nun darf oder nicht.

Und die Kinder selbst wachsen in dem Glauben auf, die Welt sei so leicht, weil Mama und Papa ja doch immer dafür einstünden, wenn wir Fehler machen – oder sie sind bereits zuvor der „Airbag", der von uns alles fernhält, was uns aber lehren könnte, wie es da draußen denn wirklich zugeht.

Je weniger Selbstverantwortung wir in jungen Jahren erlernt haben, desto mehr müssen wir später davon aufholen. Und der Zwang drängt uns dazu.

Denn wir können es auch in höherem Lebensalter wahrlich noch üben, auch gegenüber denen, die dann für uns eintreten wollen, ob der Chef am Arbeitsplatz, die Tanten und Onkels von nebenan oder auch unsere eigenen Kinder, die selbst zu dem werden, was man heute die „Helikopter-Eltern" nennt.

Ihnen mit Liebe und Sanftmut, gleichsam aber mit aller Deutlichkeit nahe zu bringen, dass wir in einem gewissen Lebensabschnitt in der Lage sind, unsere Geschäfte selbst zu führen und nicht mehr darauf angewiesen sind, Schutzmaßnahmen unserer Nächsten zu brauchen, um ein sicheres Leben zu führen.

Das kann beispielsweise in Kommunikationstrainings geübt werden, in denen wir auch erfahren, dass wir nicht schuldig sind, wenn wir unseren Eltern einmal mit Wohlwollen auf die Füße treten.

Wir können ehrlich sein, ohne sie verantwortlich dafür zu machen, dass sie vielleicht über lange Zeit übertrieben haben mit ihrer Hingabe, dass sie aber keinesfalls schuld daran sind, dass wir nun mit einer Zwangsstörung leben müssen.

Solche Zusammenhänge herzustellen, das wäre nicht nur viel zu gewagt, sondern würde auch die Gesamtsituation noch weiter verkomplizieren.

Einige aufrichtige Worte zwischen Vater und Sohn, Mutter und Tochter helfen da viel mehr…

Neue Sicherheiten

Zwänge geben uns Sicherheit. Auf dieser
Basis kann man bestimmt jede
Diskussion über eine Zwangsstörung
aufbauen. Und ja, auch hier überträgt die
Krankheit neuerlich eine Botschaft in die
Gegenrichtung. Sie zeigt Gleiches mit
Gleichem an: Nämlich, dass es uns an
Sicherheiten abseits des Zwangs fehlt.
Denn worauf setzen wir, wenn plötzlich
der Zwang nicht mehr da ist?

Ich war ziemlich lange unsicher darüber,
welche Sicherheiten es für mich geben
könnte. Abgesehen von den ganz
materiellen Dingen, die eine absolute
Bedeutung in der Erklärung manch einer
Zwangsgeschichte haben und
verdeutlichen, dass wir auch aus Angst
vor dem existenziellen Absturz eine
Zwangserkrankung entwickeln können,
sind es vor allem die ideellen
Sicherheiten, die uns
abhandengekommen sind.

Es sind Charaktereigenschaften, auf die wir bauen können. Ich kann mich angeblich auf meinen Charme verlassen, sagte man mir. Nun gut, manches Mal nimmt man Komplimente auch an, ohne zu widersprechen – wenngleich man zunächst nicht unbedingt davon überzeugt ist. Oder mein Witz soll es sein, der sich eingeschlichen hat in die ganz normale alltägliche Unterhaltung, die mein Gegenüber nicht selten zum Lachen bringt, ohne, dass ich mir dessen bewusst wäre.

Meine Aufgeschlossenheit, auch einmal spontan zu helfen, ohne lange Kosten und Nutzen abzuwägen, sondern aus der Überzeugung heraus, dass nicht alles immer kompliziert verlaufen muss, um zu gelingen. Und nicht zuletzt meine Offenheit, auch auf Fremde zuzugehen und sie rasch nicht nur von meiner Person, sondern vor allem auch von meinen Ansichten überzeugen zu können.

Ich habe in der Auseinandersetzung mit der Funktion des Zwangs auch gesehen, dass ich jemand bin, der Meinungen zulassen kann. Eigentlich dachte ich immer, der Strenge zu sein, der auf seinen Standpunkten beharrt. Aber so ist es nicht. Hinterfragen Sie das auch einmal ernstlich bei sich: Es kommt meistens darauf an, wie wir überzeugt werden möchten. Aber viele von uns sind aufgeschlossener, als wir es vielleicht zunächst zugeben würden. Das ist eine Sicherheit, auf die wir setzen können, denn dadurch bleiben wir ein verlässlicher Ansprechpartner, ein Teil des sozialen Gefüges, der uns Halt schenkt.

Sicherheiten sind aber nicht nur Persönlichkeitseigenschaften, sondern auch Hobbys, Beschäftigungen, Freizeitaktivitäten, Freunde und Familie, Beruf und Verantwortung in Ehrenamt oder Engagement. Was trägt uns fern von jedem Zwang, wenn wir ehrlich sind?

Bei mir ist es das Schreiben, das mich fordert, das mich entspannt, das mir Wegweisung gibt und mit dem ich mich befassen könnte, auch wenn es einmal eng werden würde. Und es sind genau fünf Freundschaften, nein, nicht bei „Facebook", wo ich auch aus Gründen des Zwangs bis heute nicht angemeldet und mich damit der Mühle der Tweets und Likes entziehe – was mir, man glaubt es im 21. Jahrhundert kaum, guttut und mir nichts abverlangt, mir fehlt nichts. Doch bei den fünf Menschen, die mir neben der Familie wichtig sind, handelt es sich um jene, die mich lange begleitet haben. Sie stellen eine Sicherheit dar, weil sie ein so fester Anker sind, dass sie auch Anfeindungen ausgestanden haben, weil sie mit mir, einem „psychisch Kranken", befreundet sind. Sie haben bewiesen, dass sie die Stützen für mich sind, ohne die schon manches Mal der Steg zusammengebrochen wäre, der mich vom eisigen Meer wieder aufs Land bringt.

Und es sind Aufgaben wie die der Selbsthilfe, der Nachbarschaftshilfe, wo ich heute nach meinen Vorgaben bestimme, wie viel Unterstützung ich gebe – und wo meine eigenen Grenzen sind.

Dies zu lernen, war eine der härtesten Aufgaben in der Bearbeitung der Funktionalität des Zwangs. Denn er hat mir verdeutlicht, dass ich über meine Stränge geschlagen habe, als ich meinte, ich müsste die soziale Not in ganz Deutschland mindern. Nur noch dort, wo ich einen wechselseitigen Nutzen erkenne, bringe ich mich heute ein, auch in der Politik, die mich lange ausgesogen, mir aber nichts zurückgegeben hat.

In der Therapie habe ich es wahrlich gespürt. Auf Zetteln stand ich, beschriftet mit allen Aufgaben, die ich freiwillig und unentgeltlich übernommen hatte. Und durch Zauberhand schwankte ich auf jedem dieser Blatt Papiere anders.

Je stärker der Ausschlag war, desto größer meine Skepsis, ob das wirklich noch das passende Engagement für mich ist, das mich erfüllt.

Probieren doch auch Sie einmal solche Übungen aus und erfahren Sie selbst, was Ihnen Sicherheit gibt!

Stärkung des Selbstbewusstseins

Ich kenne mich selbst nicht nur als korrekten, sondern viel eher als einen überkorrekten Menschen, der es jedem recht zu machen versucht. Ein Auslöser meiner Zwänge war aus meiner Erkenntnis in der zurückblickenden Sicht meine Selbstaufgabe für Andere, für das Positive in der Welt. Aber auch für die Perfektion.

Ich weiß von vielen anderen Betroffenen, dass wir Persönlichkeitseigenschaften teilen, um die uns Menschen beneiden, die bei uns aber in derart übertriebenem Maße ausgebildet sind, dass sie uns behindern. Wir denken dabei nicht nur an Genauigkeit, an Zuverlässigkeit, an Verantwortungsbewusstsein, sondern an ein zwanghaftes Verhalten, das im Weg steht, wenn wir einfach nur einmal den Löffel dort liegen lassen möchten, wo er denn liegt. Wenn wir die Fenster einfach einmal ungeputzt zurücklassen wollen.

Wenn wir auch für uns einmal die akademischen Fünf Minuten in Anspruch nehmen und zu spät kommen – weil es eben normal, menschlich ist, dass das Leben nicht derart fehlerfrei verlaufen kann, wie sich das ein Zwangserkrankter denn wünschen würde. Und es ist gut, dass es anders verläuft.

Denn die Wirklichkeit holt jeden Betroffenen, der sich mit den Ursachen seiner Krankheit auseinandersetzt, irgendwann ein.

Ob in einer analytischen Therapie, in einem Coaching oder in einem Training der Persönlichkeit können wir lernen, wie wir unsere zwanghaften Eigenschaften dafür nutzen, einerseits anerkannt zu werden, andererseits aber auch genügend Spielraum zu lassen, durch den eine Identität entsteht, die uns tatsächlich entspricht. Denn das Übertriebene passt eigentlich überhaupt nicht zu uns.

Es ist wiederum ein Mittel des Zwanges, um uns mit uns selbst zu konfrontieren und uns dazu zu bewegen, zu fragen: Wie viel Tadellosigkeit steht mir denn wirklich?

Und wo habe ich in meinem bisherigen Leben überzogen, wenn es um meine zwanghafte Persönlichkeitsstruktur ging, wenn ich immer da sein wollte, wenn ich mich eingebracht habe, wo Andere bereits resigniert hätten?

Und natürlich: Wie kann ich das ändern, ohne meine grundlegenden Merkmale, die mich auszeichnen, aufgeben zu müssen?

Denn es würde nicht zu einem Menschen mit Zwängen passen, wenn er selbst als Gesunder plötzlich ein „Lotterleben" führt, wenn ihm seine Umwelt egal wäre, wenn er nicht mehr auf Korrektheit achten würde, nicht mehr der stets verlässliche Lebenspartner wäre.

Oder der vertrauensvolle Freund und überpünktliche Kollege, der durchaus mit seiner Art manches Mal nervt, aber vor allem sich selbst nicht mit seiner eigenen Persönlichkeit an den Rand der Überforderung bringt, die sich dann in einer Krankheit Ausdruck verleihen muss und mit großem Leidensdruck darauf aufmerksam macht, dass es zu viel dieser generell wertzuschätzenden Eigenschaften ist, weil sie das Normalmaß, für das der Mensch nun einmal gemacht ist, bei weitem überragt.

Animation zu neuer Gelassenheit

Menschen mit Zwängen können eigentlich gar nicht gelassen sein. Es lauern Viren und Keime dort, es warten Einbrecher darauf, die angeblich vergessene und nicht richtig abgeschlossene Tür für einen Raubzug zu nutzen. Oder es ist die Unordnung, in der wir nichts mehr finden, die uns Sorge macht, wenn die Mutter vielleicht einmal aus Mitleid unser Zimmer aufgeräumt und damit alle Struktur durcheinandergebracht hat, die uns ursprünglich Sicherheit gab.

Der Zwang verdeutlicht uns auf eine krude Art und Weise, dass wir es versäumen, einfache Antworten zu finden. Dass wir nicht in der Lage sind, zunächst ein Gesamtbild zu erstellen, ehe wir eine Reaktion aus einem Umstand ziehen, den wir in unserer Unruhe gar nicht vollständig erfassen können.

In der Therapie habe ich gelernt, manche Dinge zunächst einmal bis zum Ende zu denken. Und ich habe erkannt, wie hilfreich das für meine Gelassenheit sein kann, auch wenn ich zunächst fast gestorben wäre an Ängsten. Denn was wäre tatsächlich, wenn der Einbrecher in mein Haus kommen würde? Gibt es da wirklich so viel zu holen? Gibt es so viel Unersetzbares? Wäre es wirklich soooooo dramatisch, wie ich es mir in einer ersten Vorstellung ausmale?

Natürlich will niemand, dass jemand bei uns die Schränke durchsucht. Aber kann das nicht auch geschehen, wenn ich die Türe richtig verschlossen habe? Kann nicht anderswo ein Fenster aufgehebelt werden – und schon sind die Räuber trotzdem drin? Als Zwangserkrankte hätten wir gern eine einhundertzehnprozentige Sicherheit. Doch sie gibt es nicht. Wie es so Vieles, was wir uns erhoffen würden, nicht geben kann.

Diesen Umstand als gegeben hinzunehmen und darauf zu vertrauen, dass wir für den Ernstfall nicht nur eine gute Versicherung haben, die einen Schaden ersetzt, eine Polizei, die den Verbrecher aufspürt, Freunde, die uns dann auffangen – und schlussendlich haben wir ja noch uns, das ist doch das Wichtigste!

Gelassenheit anzunehmen, das gelingt nur schwer und ist ein langwieriger Prozess. Ich will deshalb auch nicht verhehlen, welche Herausforderung uns sich da stellt. Ich blicke nur stets auf meine persönlichen Erfahrungen und frage mich, was ich noch vor einigen Jahren zu diesen Worten gesagt hätte, die ich jetzt gerade schreibe.

Ich würde auch Ihnen nicht zutrauen, dass Sie aus Ihrer Zwangserkrankung heraus neue Gelassenheit erfahren können, wenn ich nicht wüsste, dass auch ich das geschafft habe.

Mit Mühe, mit Anstrengung, mit Willen. Aber es hat funktioniert. Und deshalb kann es auch bei Ihnen klappen!

Ermutigung zu mehr Achtsamkeit

Ein schneller Blick über die Hände, ein rasches Gucken zum Türschloss – und schon wollen wir die Entscheidung darüber getroffen haben, ob noch Bakterien an unserer Haut kleben oder der Schlüssel das Schloss vielleicht doch nicht vollständig umgedreht hat.

Zwangserkrankte sind aus ihrem Dauerstress heraus selten in der Lage, sich ein ruhiges Bild von einer Situation zu machen. Viel eher urteilen sie zu schnell und kommen dadurch zu Fehlurteilen, die wiederum eine neue Zwangshandlung, einen neuen Zwangsgedanken in Gang setzen.

Die Krankheit lehrt uns, dass wir achtsamer durch das Leben gehen sollten. Schauen wir uns doch einmal in Stille die Haut an: Ja, da gibt es vielleicht einige rötliche Stellen, aber das ist kein Blut.

Das sind möglicherweise Äderchen, das sind eventuell Rückstände von der Tomatensauce vom Mittagessen, das sind bereits aufgekratzte, aber eben nicht blutende, infizierte oder gar vor Keimen wimmelnde Punkte, die sofort wieder neu mit Seife behandelt werden müssten.

Nehmen wir uns etwas mehr Zeit, um auch unsere Umgebung einmal genauer zu inspizieren.

Es gehört in das Konzept von mehr Ruhe, das wir anstreben sollten, wenn wir uns einmal auf eine Parkbank setzen und einfach beobachten, wie die Bienen die Blumen bestäuben, wie die Käfer über das Gras krabbeln, wie das Flugzeug am Himmel seine Streifen zieht.

Achtsamkeit bedeutet vor allem auch, genaues Hinsehen, Hinhören, Wahrnehmen.

Es ist nicht nur Zwangserkrankten vergangen, sich dafür in einer Zeit des ständigen Blicks auf das Smartphone noch zu interessieren.

Doch wir tun uns wahrlich nichts Gutes, wenn wir den Lauf der Dinge immer weiter verschnellern und wir durch das Überschlagen der Ereignisse dazu beitragen, das Einzelne nicht mehr in seiner Gesamtheit, in seiner Wahrheit, zu erfassen.

Die falschen Schlussfolgerungen, die wir daraus ziehen, sind für den Zwangsbetroffenen oftmals fatal.

Denn sie führen ihn zurück in eine Gedankenspirale, in neue Befürchtungen und Ängste, die wiederum ein Zwangsverhalten auslösen, das in der Verdoppelung und Verdreifachung des Tempos zu einer „Verrücktheit" führt, die wir nicht mehr steuern können.

Je weniger achtsam wir sind, desto abstrakter und wirklichkeitsferner werden unsere Nöte, die wir haben, wenn sich die Frage nach dem abgeschalteten Ofen oder dem verrutschten Blatt Papier auf unserem Schreibtisch wieder neu stellt und wir zu merkwürdigen Antworten kommen, weil wir das Banale nicht beachten und bedenken. Achtsamkeit heißt also auch, der Vernunft Vorrang zu geben, statt uns in einer Welt aus Möglichkeiten und eigentümlichen Phantasien zu verstricken, Assoziationen zu bilden, auf die ein Gesunder gar nicht kommen würde. Mithilfe von Selbsthilfe-Manualen, mit einer kognitiven Verhaltenstherapie lässt sich entgegensteuern. Das Achtsamkeitstraining gehört heute oftmals in die Behandlung von Zwängen hinzu. Und es ist eine Bereicherung für all jene, die vor lauter Hamsterrad gar nicht mehr bremsen können, den Fixpunkt im Leben aus den Augen verloren haben.

Achtsamkeit führt zurück auf die kleinen Dinge, die wir so oft unbeobachtet lassen, obwohl sie doch so erstaunlich sein können...

Änderung des Lebensstils

Warum lebe ich heute anders? Der Zwang hat mir deutlich gemacht, dass ich mehr Freiheit in mein Leben lassen muss. Ich muss mehr Entscheidungen selbst tragen, ich muss mich gegenüber meinen Nächsten artikulieren und dort anbringen, was meine eigenen Wünsche sind. Bevormundung zählt heute nicht mehr, denn sie war über viele Jahre und Jahrzehnte ein wesentlicher Bestandteil eines Duckmäusertums, für das niemand aus meinem Umfeld etwas konnte.

Diese Betonung ist mir wichtig: In den allermeisten Fällen sind es nicht die Angehörigen, die bewusst und zielgerichtet darauf hingearbeitet haben, dass sich unser Selbstwertgefühl, unsere Eigenverantwortung nicht vollständig entwickelten, weil uns die Entscheidungen stets leicht gemacht oder gar abgenommen wurde.

Es ist viel eher eine sorgende und gleichsam angstvolle Motivation, die dahintersteckt, und die gleichermaßen auch erklärt, warum sich psychische Krankheitsbilder durch ein Erlernen, durch ein Abgucken bei Eltern, Großeltern oder Freunden, in sozialen Systemen häufen oder in Familien immer wieder auftreten. Unser Lebensstil unter den Zwängen wirkt angepasst, vielleicht sogar „konservativ". Denn wir gehen keine Risiken ein, sind vorsichtig und zurückhaltend. Dabei besteht doch oftmals das innere Bedürfnis, auch dazu zu gehören. Ich erinnere mich gut, wie das bei mir war. Ich wollte es nie zugeben, aber etwas mehr hätte ich mir schon zugetraut. Ob nun vielleicht das Tanzen auf dem Abiball, das Mitgehen zu den Partys oder vielleicht doch einmal den obersten aller Hemdknöpfe zu öffnen, denn ich bin nicht nur ein Schüler gewesen, wie ihn sich die Lehrer wünschen.

Ich hatte durchaus den Wunsch, manches Mal meine Meinung etwas deutlicher zu machen, wenn ich mich ungerecht benotet gefühlt habe.

Hätte nicht immer alles hinnehmen sollen, was die Autorität verordnet hat. Ein bisschen Widerspruch und ein wenig Aufstand, das kann im besten Sinne uns allen nur helfen.

Auch diese Anregung gebe ich nicht nur den Zwangserkrankten, sondern auch jenen, die sich in einer sozialen Phobie, in einer Schüchternheit wiedererkennen, die ja oftmals so eng mit der Zwangskrankheit verbunden ist.

Wir sollten zwar eine Nüchternheit mitbringen in unser Leben, die uns erdet. Und wir sollten mancher Verrohung der gesellschaftlichen Normen und Werte nicht immer nur deshalb anhängen, weil sie „Mainstream" sind.

Eine Besinnung auf Verlässliches tut nicht nur Zwangserkrankten gut, sondern kann uns alle dabei unterstützen, dass wir die Bodenhaftung nicht verlieren.

Und trotzdem: Wir sind auch auf dieser Erde, um nicht alles immer ganz ernst zu nehmen. Man bescheinigt mir, dass ich im Laufe meiner Zwangserkrankung einen Humor entwickelt hätte, den man zuvor gar nicht von mir kannte. Und ja, auch das hat mich der Zwang gelehrt:

Etwas mehr zu lachen, vor allem auch über mich. Denn da gibt es oft genug Gründe. Und die weiß ich mittlerweile auch zu schätzen. Spaß zu haben und sich gleichzeitig dort zu kasteien, wo es keinen Grund gibt, die Grenzen des Vernünftigen aufzugeben. Mit diesem Grundsatz fahre ich mittlerweile eigentlich ganz gut. Und ich erhoffe mir ihn auch für Sie!

Und heute?

Nun ja, immerhin kann ich heute wieder Bücher schreiben. Aber nicht nur das: Als ich mit meinem Therapeuten einen Disput darüber hatte, wie oft Mann und Frau sich denn am Tag überhaupt die Hände waschen würden, was also zu viel sei und wann es gerade richtig ist, lagen wir mit unseren Einschätzungen doch noch weit auseinander. Aber wir nahmen uns einen Selbstversuch vor. Jeder notierte über eine Woche hinweg, wie oft er sich am Tag die Hände gewaschen habe. Und so groß waren die Unterschiede plötzlich nicht mehr. Mein Therapeut kam auf durchschnittliche 18 Mal, ich auf 32. Natürlich wäre da noch Luft nach oben, doch bei mir ist ein wesentliches Kennzeichen die Lebensqualität. Mein Leidensdruck ist erheblich gesunken – und überhaupt haben sich die Zwänge abseits der Zwangsgedanken doch erheblich reduziert.

Letztere sind von Grund auf schwieriger zu behandeln und sie brauchen noch etwas mehr Aufmerksamkeit, müssen noch stärker auf ihre Funktionalität untersucht werden.

Das gelingt mir nach meinem Dafürhalten aber recht gut, weshalb ich optimistisch bin, dass ich zwar immer mit Zwängen leben werde, mich aber so mit ihnen in Einklang bringen kann, dass die Krankheit auf ein Mindestmaß des Nötigen sinkt.

Denn ich glaube, sie bleibt auch weiterhin ein Schutz vor mir selbst. Vor meiner Übertriebenheit und meinen Eigenarten, die sich ach so schnell wieder in eine verkehrte Richtung drehen können.

Dazu braucht es nur die typischen Auslöser wie Stress, einen Ortswechsel oder zu viele Eindrücke auf einmal.

Und dann ist es vielleicht gar nicht schlecht, wenn der Zwang neuerlich einschreitet und mich daran erinnert, was ich mir nicht nur in diesem Buch erarbeitet habe, sondern was sich generell an meinem kompletten Lebensstil geändert hat. Er ist ruhiger geworden, ich bin gelassener und vor allem kann ich wieder viel mehr Zeit für sinnvolle Dingen aufbringen, statt zählen, waschen und kontrollieren zu müssen.

Ja, die Frage war nicht einfach, womit ich diese Lücken fülle. Die therapeutische Intervention, was denn mit der neu gewonnenen Lebenszeit wird, wenn die Zwänge einmal den Rückzug antreten, sie ist nicht so leicht zu beantworten – und zeigt doch deutlich, welche Funktion die Erkrankung bei uns eingenommen hat. Ich lese beispielsweise wieder viel mehr, ich genieße viel bewusster das Essen und das Kochen, ich höre Musik, die schon in meinem CD-Ständer zu verstauben drohte.

Ich suche mir ein Ehrenamt, das mir sinnvoll erscheint und dass ich nicht nur deshalb ausübe, weil man es von mir erwartet und ich dafür Anerkennung erhalte. Aber ich nutze die Zeit auch für das belanglose Nachdenken, keine sich wiederholenden, immer wiederkehrenden Gedanken mit sexuellen, aggressiven oder religiösen Inhalten, sondern über das Leben an sich. Warum bin ich eigentlich hier? Jeder findet darauf eine ganz eigene Antwort. Meine umfasst mittlerweile viel mehr „Ich", aber ein gesundes „Ich". Ich war bisher nie derjenige, der für sich etwas Besonderes wollte, im Gegenteil. Ich habe viel mehr gegeben als genommen. Und dabei bleibe ich auch. Aber mittlerweile nehme ich eben auch etwas für mich in Anspruch: Zeit, Geduld, Verständnis. Das erlaubt mir, neben Beruf und Ehrenamt, neben Freundschaft und Familie noch tiefer durchatmen zu können – und dem Zwang einen ordentlichen Windstoß zu geben!

Nachwort

Liebe Leser,

nun haben Sie ein kleines Taschenbuch hinter sich gebracht, das Ihnen hoffentlich Anregungen gegeben hat – egal, ob Sie nun ein „Zwängler" sind oder nicht. Meine Gedankenanstöße sind nicht unbedingt neu, mein Satzbau dafür aber manches Mal umso zwanghaft komplizierter. Aber ich habe gelernt, dass man gerade als Zwangserkrankter die Wiederholung und die Genauigkeit durchaus benötigt, um rationale Erkenntnisse wieder in sein Denken aufnehmen zu können. Deshalb habe ich nochmals sehr Vieles von dem aufgeschrieben, was sicherlich auch in anderen Ratgebern auftauchen würde. Vielleicht werden die Tipps aber durch meine persönliche Geschichte dahinter etwas anschaulicher und gleichzeitig praxisnaher für den Alltag von Menschen mit und ohne Zwänge.

Wie schon angekündigt, will ich Ihnen die Chance geben, mit mir über meine Worte ins Gespräch zu kommen, mir Rückfragen zu stellen oder mir Ihre Reaktionen zukommen zu lassen. Schreiben Sie mir also einfach an meine Mail-Adresse unter riehle@riehle-dennis.de und ich werde mich umgehend mit Ihnen in Verbindung setzen.

Für heute danke ich Ihnen, dass Sie mein Buch gelesen haben und möglicherweise auch manch schwierige Passage durch mehrmaliges Lesen oder durch ein Kopfschütteln über sich ergehen lassen mussten. Aber das gehört für solch eine Lektüre dazu – und schließlich soll Sie sie ja auch zum Nachdenken ermutigt haben.

In diesem Sinne wünsche ich Ihnen alles Gute, vor allem aber (seelische) Gesundheit und verbleibe als

Ihr Dennis Riehle

Zum Autor:

Dennis Riehle, geb. 1985 in Konstanz, erkrankte mit knapp 13 Jahren erstmals an einer Zwangsstörung und öffnete sich durch mediale Präsenz bereits früh einem breiteren Publikum mit seiner Erkrankung. Ihm war eine Auseinandersetzung mit dem oftmals noch immer verkannten Krankheitsbild wichtig, weshalb er sich auch in der Aufklärungsarbeit der Selbsthilfe engagierte.

In der Freizeit kocht und liest der Autor gerne, setzt sich auch weiterhin in freiwilligem Engagement in sozialen Vereinen und in der Politik ein, verbringt heute viel Zeit im Genuss seines Lebensumfeldes am Bodensee und verwöhnt sich beim Baden oder Spazierengehen.

Bibliografische Information der Deutschen Nationalbibliothek: Die Deutsche Nationalbibliothek verzeichnet diese Publikation in der Deutschen Nationalbibliografie; detaillierte bibliografische Daten sind im Internet über dnb.dnb.de abrufbar.

Neuauflage
© 2023 Dennis Riehle

Herstellung und Verlag:
BoD – Books on Demand, Norderstedt

ISBN: 978-3-7562-3195-9